Armagedón 2022: ¿La Próxima Guerra Mundial?

Rusia y China contra la India y Occidente; Crisis Global - Amenazas Nucleares - Guerra Cibernética; Expuesto

Rebel Press Media

Descargo de responsabilidad

Nuestros otros libros

Consulte nuestros otros libros para ver otras noticias no divulgadas, hechos expuestos y verdades desacreditadas, y mucho más.

Únase al exclusivo Círculo de Medios de Comunicación de Rebel Press.

Todos los viernes recibirás en tu bandeja de entrada nuevas actualizaciones sobre la realidad no denunciada.

Inscríbase hoy aquí:

https://campsite.bio/rebelpressmedia

Introducción

'Me temo que desgraciadamente es demasiado tarde para salvar a muchos que ya se han vacunado' - 'No es exagerado decir que el futuro de toda la humanidad está en juego'

Occidente está clavando palas cada vez más profundo para cavar un enorme agujero para sí mismo. El Secretario General de la OTAN, Stoltenberg, dijo en una entrevista que el ascenso de China es tanto un reto como una "buena oportunidad" para la alianza.

Lo que admitió involuntariamente fue que una política de confrontación y agresión contra China volvería a dar a la OTAN algún "derecho a existir".

El político ruso Leonid Slutsky tenía razón cuando dijo recientemente que es "una mentira descarada" que la OTAN sea una alianza defensiva, señalando las devastadoras "intervenciones" y guerras en la antigua Yugoslavia, Afganistán, Irak, Libia y Siria, entre otras.

¿Son Rusia y China nuestros próximos objetivos? La OTAN parece indicar que lo son. Lo que pensamos sobre esto, y las consecuencias de largo alcance para nosotros, se considera totalmente intrascendente en Washington y Bruselas.

Índice de contenidos

Capítulo 1: Mentiras descaradas

Este curso provocativo y agresivo está, por supuesto, dirigido por los estadounidenses. Desde que el chico del cartel, Joe Biden, llegó a la Casa Blanca, los globalistas atlánticos han vuelto a tener el control, y el curso hacia una nueva guerra mundial iniciado bajo el equipo Obama/Clinton se ha reanudado con renovado vigor y velocidad, literalmente desde el primer día.

En consecuencia, la OTAN emitió recientemente una declaración de unidad contra la llamada "agresión" rusa. El Kremlin reaccionó con cautela diciendo que Rusia no amenaza a ningún otro país y que la OTAN sólo intenta justificar su existencia. El alto parlamentario Leonid Slutsky calificó de "mentira descarada" que la OTAN sea una alianza defensiva, señalando, entre otras cosas, las devastadoras "intervenciones" y guerras en la antigua Yugoslavia, Afganistán, Irak, Libia y Siria, en las que han muerto al menos un millón de civiles (según algunas estimaciones, muchos millones).

El imperialismo americano

El flamante Secretario de Estado de Joe Bidens, Antony Blinken, afirmó esta semana que el ascenso de China y los supuestos intentos de Rusia de desestabilizar Occidente son "amenazas" a las que la OTAN debe responder al unísono. En la forma poco sincera y engañosa que ahora caracteriza a prácticamente todos los políticos y funcionarios occidentales, añadió que

Estados Unidos no obligará a sus aliados a elegir entre "nosotros o ellos". Sin embargo, eso es exactamente lo que Washington hace y de hecho siempre ha hecho.

La OTAN, fundada hace más de 70 años, sólo se ha ampliado desde el final oficial de la Guerra Fría, a principios de los años 90. Stoltenberg quiere ahora "asegurar el futuro" de la alianza, que no es más que un pretexto permanente para justificar y reforzar la política imperial de Estados Unidos (más de 600 bases militares en todo el mundo, contra 10 de Rusia).

¿La inversión china es una amenaza?

Stoltenberg advirtió que China está cada vez más cerca realizando grandes inversiones en nuestras infraestructuras, como si eso fuera algo peligroso. China es el mayor socio comercial de la UE y un importante inversor en nuestros países, todos ellos en quiebra efectiva tras décadas de políticas neoliberales (una forma encubierta de neomarxismo). Sin embargo, la OTAN ve en esto "una oportunidad única para abrir un nuevo capítulo en las relaciones entre América del Norte -Estados Unidos- y Europa".

Voilà", responde el analista Finian Cunningham para la Strategic Culture Foundation. "Así que el verdadero valor estratégico de presentar a China como "amenaza" o "adversario" es dar un nuevo significado al bloque de la OTAN liderado por Estados Unidos, que subyuga a Europa al objetivo geopolítico de hegemonía de

Washington. Aquí se destaca que se presenta a China como una "amenaza" y no como lo que es la verdadera relación, la de un socio económico vital. (Lo mismo ocurre con Rusia y su amplia asociación energética con Europa)".

¿Ordenamiento jurídico internacional?

Estados Unidos, y con él la OTAN, quiere mantener a flote su imperio global a toda costa, e impedir un mundo político y económico multipolar, con Rusia y China como actores iguales. El problema diabólico, sin embargo, es que Washington y sus vasallos europeos no pueden basar una postura tan agresiva en las actuales relaciones normales y naturales. Hacerlo sólo nos haría aparecer como agresores irresponsables y rencorosos. Por lo tanto, primero hay que presentar a Rusia y China como "el enemigo", como "una amenaza" para el "orden jurídico internacional" supuestamente defendido por Occidente.

Si te tomas aunque sea un momento para sacar la cabeza de los canales de propaganda occidentales, totalmente controlados por los atlantistas y cada vez más apestosos, que se hacen pasar por medios de comunicación convencionales, sabrás a dónde ha llevado ya este "orden jurídico internacional": numerosas invasiones (justificadas con mentiras y propaganda), bombardeos de países enteros, golpes de estado, guerras ilegales y criminales, masacres, destrucciones a gran escala, millones de muertos y heridos, operaciones de falsa bandera (como la del MH17), la agitación del odio y el terrorismo, y, en consecuencia, numerosos problemas de seguridad debido a la subsiguiente migración masiva hacia Europa en particular.

Que cava una fosa...

'Olvídense de China o Rusia como una supuesta amenaza', concluye Cunningham. 'Son una 'buena oportunidad' de facto para la OTAN y el imperialismo estadounidense, que es para lo que sirve en última instancia la alianza, para encontrar una excusa para su existencia y comportamiento criminal. Sólo hay que preguntarle al secretario general Jens Stoltenberg (que, según el chiste, es más secretario que general)'.

¿Es este rumbo de la OTAN realmente lo que usted y yo queremos? ¿No un orden mundial basado en la paz, la cooperación económica y el respeto a las fronteras y culturas de los demás, sino la provocación, la agresión y el sometimiento, con la eventualidad de otra enorme guerra mundial, si continúa la más destructiva de la historia? Si es así, tengo la firme sospecha de que será el propio Occidente el que caiga en el pozo cada vez más profundo que están cavando ahora Rusia y China con fuerzas combinadas.

Occidente se aprovecha de la escalada; la UE rechaza la diplomacia durante años

Luongo no ve otro camino para Occidente que la escalada, porque no tiene nada que ganar con el regreso de la calma, la paz y la cooperación. "Para que el Great Reset tenga éxito y para que Europa sea un actor global relevante, Rusia debe ser subyugada o destruida. Eso significa el control del Mar Negro y la conquista de Crimea".

El ministro de Asuntos Exteriores ruso, Serguéi Lavrov, expresó recientemente su preocupación por el hecho de que desde el referéndum de 2014, por el que el pueblo de Crimea decidió casi por unanimidad que quería pertenecer a la patria rusa, la UE no haya mantenido ningún contacto diplomático con el Kremlin. 'La diplomacia entre las grandes potencias prácticamente ha desaparecido. La simple negativa de Bidens a hablar abiertamente con Putin es un asunto grave".

El control euroasiático del petróleo y el gas se interpone en el camino del Gran Reajuste

Todo lo que se ha hecho en Occidente desde la "corona" de medidas totalitarias y opresivas, incluida la destrucción paso a paso de las PYMES y de la libertad, se enmarca en el contexto del "Gran Reset" del FEM, que incluye la demolición total de la economía "fósil", y con ella el fin de la seguridad energética y la asequibilidad para los ciudadanos occidentales.

Sin embargo, si la producción de petróleo, gas y carbón sigue bajo el control de Eurasia, las visiones megalómanas de los atlantes nunca podrán llevarse a cabo. No les queda mucho tiempo para imponer esta dictadura comunista global de vacunas climáticas, pues la resistencia de la población occidental a esta destrucción total de su sociedad y su futuro está empezando a crecer a pasos agigantados.

La próxima guerra no tendrá un final feliz para Occidente

'Si hay una guerra en el Donbass esta primavera, no tendrá un final feliz en el que Estados Unidos (y Europa) seguirán mandando en el futuro, sino que se convertirá en el momento en el que nos demos cuenta de que el declive hacia la irrelevancia se habrá acelerado.'

Con un poco de mala suerte, este declive puede incluso terminar en un conflicto nuclear, en el que no es inconcebible que Rusia (posiblemente ayudada por China) decida cortar la "cabeza de la serpiente" que ha sido una amenaza cada vez mayor para la supervivencia de la humanidad durante tanto tiempo. Esto podría significar un ataque nuclear (limitado) a ciudades como Washington, Nueva York, Londres, Bruselas y Roma (el Vaticano), y posiblemente también a Los Ángeles (Hollywood), París, Estrasburgo, Berlín, Frankfurt y La Haya.

De una cosa podemos estar seguros: si fuera por Vladimir Putin, nunca habría que llegar a eso. Queda por ver si habrá tiempo suficiente para que la belicosidad, el ansia de poder y la locura total que han dominado por completo las ciudades mencionadas dejen paso a un retorno de la razón, la sobriedad y, sobre todo, la auténtica preocupación por el bienestar y el futuro de todos los ciudadanos. Desgraciadamente, los indicios para ello muestran todavía lo contrario.

Si China se involucra también, la Tercera Guerra Mundial es una realidad

Si China también se ve envuelta en un conflicto importante con Occidente, por ejemplo a través de una guerra con Taiwán, entonces Japón y Australia también podrían ser objetivos, y también podrían estallar guerras entre Corea del Norte y Corea del Sur, entre India y Pakistán, India y China, Irán y Arabia Saudí, e Irán e Israel. La Tercera Guerra Mundial será entonces una realidad.

Por ahora, estamos asumiendo que esta eventual última gran conflagración mundial no ocurrirá hasta algún momento entre 2025 y 2030. Sin embargo, todo el mundo tendrá claro que una guerra inminente en Ucrania podría derribar fácilmente todas las demás fichas de dominó mucho antes.

Capítulo 2: La máquina de guerra necesita seguir funcionando

La respuesta rusa a las provocaciones de los bombarderos estadounidenses: tres submarinos nucleares atravesaron el hielo polar simultáneamente, una primicia. Desde esa posición, los EE.UU. podrían ser destruidos en cuestión de minutos.

Rusia emite una severa contra-advertencia a EE.UU.

La situación extremadamente preocupante en Ucrania está empezando a llegar a los medios de comunicación (alternativos).

El analista Tom Luongo escribe ahora que Occidente, con Joe Biden al frente, está impulsando deliberadamente una guerra inminente con Rusia en Ucrania, posiblemente tan pronto como después de la Pascua ortodoxa (2 de mayo).

La razón principal es que el Kremlin se niega a someterse a la agenda climática del FEM, la ONU y la UE del Gran Reajuste 2030.

Los líderes occidentales se han vuelto tan locos que están cometiendo el fatal error de juzgar que el presidente Putin no se atreverá a defender a su país a ultranza contra este golpe global.

Con ello, Washington, Bruselas y también La Haya están asumiendo a sabiendas el riesgo de que estalle un conflicto nuclear a gran escala.

¿Quién es el verdadero "asesino sin alma"?

Biden apenas había sido presidente, o llamó a Putin "asesino sin alma". El presidente ruso respondió con su característico control y maestría con un "hace falta uno para conocer a otro", y luego invitó a Biden a un debate directo.

Por supuesto, Biden declinó, porque el demente Biden, que durante los discursos a menudo olvida dónde está y con quién está hablando (ahora hay imágenes que lo muestran con tarjetas en la mano con fotos de "quién es quién", además de un guión completo que tiene que seguir), obviamente no es rival para el líder ruso. Los demócratas también lo saben, y por eso incluso lo mantienen alejado de la prensa todo lo posible. '

'Y luego esa vergonzosa conferencia de prensa del otro día. ¿Se presenta a la reelección en 2024? Ni siquiera estará vivo entonces. Pero, de nuevo, tampoco se presentó en 2020, así que ¿qué diferencia hay?

La respuesta de Rusia a las provocaciones de Estados Unidos

En cualquier caso, desde el nombramiento del falso presidente Biden mediante un vistoso golpe electoral,

13

las relaciones entre las dos superpotencias son "atroces". Los estadounidenses no están haciendo absolutamente nada para cambiar eso, sino todo lo contrario. Biden hizo despegar recientemente bombarderos estratégicos B-52 para un incipiente simulacro de ataque a Rusia a través del Polo Norte. Los aviones volvieron sobre Canadá, pero no podía faltar una respuesta del Kremlin. Nada menos que tres submarinos nucleares rusos (una sola vez) atravesaron simultáneamente el hielo polar uno al lado del otro.

Desde esa posición, los Estados Unidos podrían ser totalmente destruidos en quince minutos.

Ucrania "es el proyecto de Bidens

Barack Obama lo ha dicho todo: Ucrania es el "proyecto de los Bidens". Los Bidens están metidos hasta el cuello en la corrupción en Ucrania, como hemos documentado ampliamente en los últimos años.

Luongo escribe que la situación en Ucrania es "mucho más peligrosa" de lo que se nos dice. Ya le hemos dado una posible razón para ello, y no es precisamente tranquilizadora: la élite occidental podría querer abrumar a la población con una guerra repentina, y presentarla falsamente como un "ataque sorpresa ruso", al que "por supuesto debemos responder inmediatamente". Entonces es posible que no les dé tiempo a considerar lo que realmente está ocurriendo, es decir, que esta guerra sólo sirve a los intereses de la élite climática del "Gran Reajuste", que debe salir adelante a costa del pueblo llano.

El conflicto en ciernes en Ucrania "es todo esto y más". El proyecto de incorporar a Ucrania a la OTAN y a la UE es un viejo sueño de neoconservadores como Victoria Nuland y neoliberales como Joe Biden. Es una parte importante del deseo del Foro Económico Mundial de expandir la UE y rodear a Rusia, bloqueando el sueño de la integración euroasiática que podría formar un baluarte contra su "mundo feliz".

Occidente quiere obligar a Rusia y China a someterse al Gran Reajuste

Biden ha invitado a Putin y al presidente chino Xi Jinping a una cumbre sobre el clima que se celebrará en abril y cuyo orden del día será, por supuesto, fijado por el FEM. Dado que tanto Putin como Xi han dejado claro que no participarán en el Gran Reajuste ni en la Agenda 2030, ni en la "Cuarta Revolución Industrial" de Klaus Schwab (en realidad, la Gran Deconstrucción Industrial), esta cumbre está condenada al fracaso de antemano (aunque sin duda se harán algunos comentarios de boquilla, pero después Rusia y China seguirán su camino).

Esta cumbre parece que va a ser una colosal pérdida de tiempo, porque todo el mundo se verá amenazado con lo que puede esperar de Occidente en términos de política, hasta que alguien finalmente saque a estos locos de su miseria", continuó Luongo. Por ejemplo, el Reino Unido, bajo el tirano Boris Johnson, se está hundiendo cada vez más en una completa pesadilla totalitaria por culpa de Covid-19, mientras que la retórica antirrusa se está intensificando a niveles sin precedentes".

Guerra por el Donbass

Ucrania está "directamente implicada en todo este disparate climático". Putin también entiende que Biden dejará pasar cualquier escalada en Ucrania porque está encadenado a ella y tiene que terminar el trabajo que comenzó en 2014 con el derrocamiento de (el presidente democráticamente elegido) Viktor Yanukovich. Y por lo tanto vamos a ser testigos de algo mucho peor que la "campaña de galletas" de Victoria Nuland por la libertad. Pronto tendremos una guerra por el Donbass, probablemente justo después de la Pascua ortodoxa y del deshielo".

También según Luongo, Putin ha intentado ampliamente detener esta espiral destructiva hasta el fondo, "porque sabe dónde acaba esto". Será una confrontación en la que Putin tendrá que ver cómo Ucrania, con el apoyo de Occidente, inicia una guerra contra la población de habla rusa en el Donbass y Crimea, o intervenir de todos modos, sabiendo que Occidente lo utilizará inmediatamente de forma extremadamente maliciosa para presentarlo como el 'agresor'

Capítulo 3: Humo y espejos

04 de abril de 2021, Francia realizó inesperadamente ejercicios con más de 50 aviones para demostrar la disuasión nuclear - Rumor no confirmado: La OTAN quiere enviar 37.000 soldados a la frontera de Ucrania, en dirección a Crimea

Dos bombarderos estratégicos estadounidenses B-1 volaron en una sola ráfaga en dirección a Rusia, hasta el Mar Egeo, entre Grecia y Turquía, desde donde los aviones podrían haber lanzado misiles de crucero contra objetivos rusos. Los bombarderos regresaron esta vez, pero las tensiones en torno a Ucrania amenazan con una rápida escalada. El Ministerio de Defensa ruso publicó imágenes de al menos 10 misiles nucleares móviles sacados de sus silos . En la televisión rusa se habló seriamente de un posible ataque nuclear de advertencia en mar abierto para evitar que Occidente inicie una guerra.

Rusia siempre ha dejado claro que se verá obligada a defenderse si Estados Unidos o la OTAN deciden desplegar misiles en Ucrania. Sin embargo, esa parece ser exactamente la intención de Washington y Bruselas.

10 misiles nucleares móviles son una seria advertencia

Por lo tanto, el mínimo de 10 misiles nucleares móviles que fueron enviados en su camino puede ser tomado como una advertencia muy fuerte no sólo contra la colocación de misiles, sino también contra el envío de tropas. De hecho, según un rumor no confirmado, la OTAN está planeando enviar 37.000 soldados a la frontera con Crimea. Esto sería una provocación extremadamente grave, que posiblemente obligaría al Kremlin a invadir Ucrania.

Por cierto, la reciente firma de un documento por parte del presidente ucraniano, en el que se afirma que Crimea debe ser "reconquistada" a Rusia por la fuerza, podría haberse tomado ya como una declaración de guerra en Moscú.

Francia se ejercita con una fuerza nuclear disuasoria

Francia realizó recientemente un inesperado ejercicio masivo con más de 50 aviones para demostrar su capacidad de disuasión nuclear. Los aviones volaron desde Bretaña hasta los Pirineos, antes de regresar sobre la costa mediterránea para simular el lanzamiento de una bomba nuclear en el centro de Francia.

Los redactores de los Acuerdos de Minsk, Francia, Alemania y Rusia, trataron en vano de hablar entre ellos sobre la desescalada, porque Ucrania -muy probablemente dirigida por el gobierno de Estados Unidos- se niega a cooperar.

Como probablemente saben nuestros lectores, el régimen títere de Kiev llegó al poder tras un golpe de Estado organizado por Occidente, y desde entonces ha

intentado sin éxito varias veces provocar una guerra
entre la OTAN y Rusia.

Siguen llegando informes de Ucrania sobre fuertes
bombardeos en el Donbass. Hace unos días, una niña de
5 años murió en un bombardeo con drones por parte
del ejército ucraniano. Mientras tanto, Rusia envía cada
vez más tropas, tanques y carros blindados hacia la
frontera con Ucrania.

El 5 de abril, hubo una seria discusión en la televisión
estatal rusa sobre un posible ataque de advertencia
nuclear en mar abierto, como un último intento de
evitar que Occidente inicie una gran guerra, que podría
convertirse en una devastadora Tercera Guerra Mundial
en muy poco tiempo.

Una guerra que Occidente perderá. Y con razón, porque
si se llega a eso, los irresponsables, totalmente
desquiciados, de nuestras capitales tienen toda la culpa.
Sigamos esperando que "las mentes calmadas
prevalezcan", porque aún no es demasiado tarde para
ello.

Capítulo 4: Las trompetas de guerra

Mientras las tensiones entre Estados Unidos y China están a la vuelta de la esquina, Rusia ha dado a Estados Unidos la inequívoca advertencia de que cualquier misil disparado contra Rusia será respondido con armas nucleares. La razón es que los estadounidenses llevan tiempo trabajando en misiles de largo alcance no nucleares. De este modo, se está reduciendo deliberadamente el umbral de utilización de los ICBM y SLBM de forma significativa. Estas nuevas armas hacen que el mundo, ya de por sí inestable, sea mucho más peligroso, porque es imposible saber desde el exterior si un misil de este tipo lleva una carga convencional o nuclear.

La dura advertencia apareció en el periódico militar oficial Krasnaya Zvezda (Estrella Roja). El general de división Adrei Sterlin, miembro del Estado Mayor, declaró al periódico que los sistemas de radar no pueden saber qué tipo de carga útil llevan los misiles. Por lo tanto, se supondrá que cualquier misil atacante lleva una cabeza nuclear". Los dirigentes rusos responderán inmediatamente con un ataque nuclear de represalia.

Rusia ha establecido líneas rojas, y no aconsejamos a nadie que las cruce. Si un enemigo potencial se atreve a hacerlo, la respuesta será sin duda devastadora".

Los Estados Unidos están en desacuerdo con la nueva y peligrosa doctrina

En febrero de 2021, el nuevo tratado de armas nucleares START expira si ambas partes no logran acordar los términos de una prórroga. Durante los últimos 5 años, no lo han conseguido, a pesar de la insistencia de los aliados de Estados Unidos en que se llegue a un acuerdo con los rusos pase lo que pase. A finales de julio se seguía discutiendo el tratado en Viena, pero sin resultados.

Con la advertencia del general, el Kremlin parece querer dejar claro al Pentágono que el mundo se enfrenta a un "salvaje oeste" muy incierto si no se llega a un acuerdo para seguir limitando el número de armas nucleares. Las declaraciones realizadas por varios altos mandos militares estadounidenses en los últimos años son muy preocupantes en este sentido e indican que Estados Unidos ha llegado a considerar el uso de armas nucleares de bajo poder destructivo como una opción seria.

El extremismo religioso en Pakistán e India acerca la guerra nuclear

Recientemente se produjeron los peores enfrentamientos fronterizos en décadas entre los ejércitos de India y China. Decenas de personas murieron en ambos lados. Las tensiones también siguen aumentando entre India y Pakistán. Los dos países ya han librado varias guerras por la disputada región de Cachemira, que es una zona muy estratégica porque en ella se encuentra el glaciar Siachen, que proporciona el suministro de agua.

Pakistán también tiene que lidiar con dos violentos movimientos separatistas, el Ejército de Liberación de Baluchistán y el Ejército Revolucionario de Sindhudesh, que perpetró un atentado en Karachi hace unos días.

India (hindúes) y Pakistán (musulmanes) están cada vez más atrapados por el extremismo religioso. Tras el atentado contra un todoterreno en Pulwama (Cachemira) en 2019, reivindicado por el grupo terrorista islamista paquistaní Jaish-e-Mohammad, que dejó 40 muertos, India llevó a cabo bombardeos de represalia contra objetivos en Pakistán. En agosto, el partido ultranacionalista hindú BJP revocó la autonomía formal de Jammu y Cachemira, anexionando de hecho el territorio a India.

¿La respuesta de Occidente? Suministrar aún más armas a ambas partes. Pakistán, que se convirtió en un estado nuclear con la ayuda de Estados Unidos y Europa, declaró en 2015 que había desarrollado armas nucleares tácticas, lo que aumenta significativamente la probabilidad de que alguna vez se utilicen contra la India porque son menos destructivas.

Pakistán tiene más bombas nucleares (unas 160), pero las de India (140-150) son más avanzadas, y también pueden dispararse desde el mar y desde el aire. Los climatólogos han elaborado recientemente un modelo de lo que ocurriría si se desata una guerra utilizando "sólo" 50 bombas de Hiroshima (es decir, de baja potencia). Según ellos, esto liberaría al menos 5 millones de toneladas de hollín en la atmósfera, oscureciendo el sol durante 15 años, y reduciendo las cosechas en un 11% en todo el mundo debido a la disminución de las temperaturas.

Además, una guerra podría implicar también a Estados Unidos (aliado de India) y a China (aliada de Pakistán).

Rusia no puede permitir las persistentes provocaciones agresivas de la OTAN

Otro paso especialmente preocupante que nos acerca un poco más a la guerra contra Rusia planeada por los globalistas occidentales: Estados Unidos habría retirado sus armas nucleares de la base aérea turca de Incirlik - una medida muy buena en sí misma-, para llevarlas a Alemania, Polonia y un Estado báltico. Rusia no puede y no dejará pasar el despliegue de armas nucleares justo en sus fronteras -una provocación muy agresiva de la OTAN-.

Está claro que los estadounidenses tienen poca fe en otro "alto el fuego" que Rusia y Turquía han acordado en Idlib sirio. Los constantes ataques de los turcos contra el ejército gubernamental sirio -que de hecho equivalen a auténticos actos de guerra- podrían convertirse en cualquier momento en una guerra "total", lo que provocaría el colapso de la floja alianza ocasional de Turquía con Rusia.

Se dice que cinco C-17A Globemasters aterrizaron en Incirlik a finales de febrero/principios de marzo, cargaron en ellos todas las bombas nucleares estadounidenses y las llevaron a Alemania, Polonia y uno de los estados bálticos (Estonia, Letonia, Lituania). Un funcionario del Mando de Movilidad Aérea confirmó que las municiones nucleares llegaron a Powidz, Polonia, a principios de marzo.

El mayor ejercicio desde el final de la Guerra Fría

Volvemos a recordar que la OTAN está actualmente comprometida en Europa Central y Oriental, realizando el mayor ejercicio militar desde el final de la Guerra Fría, con la participación de decenas de miles de tropas, tanques, vehículos blindados y aviones. Y lo más importante: que esta guerra está abiertamente dirigida a la guerra con Rusia.

En este contexto, considérense también las asombrosas declaraciones del comandante en jefe de todas las fuerzas de la OTAN en Europa, el general de la Fuerza Aérea Tod Wolters, quien declaró ante el Senado estadounidense a finales de febrero que es "partidario de un primer ataque flexible" con armas nucleares de la OTAN contra Rusia.

Rusia no puede dejar sin respuesta las provocaciones agresivas de la OTAN

Los rusos no pueden ignorar todas estas provocaciones extremadamente agresivas. El Kremlin declaró que responderán "adecuadamente", pero de tal manera que "no se corran riesgos innecesarios". Eso suena mucho más reflexivo que las muchas declaraciones y acciones peligrosas de Estados Unidos y la OTAN, donde, al parecer, la gente está perdiendo la cabeza colectivamente.

Insistimos en que cualquier posible contrarreacción de Rusia -por ejemplo, sacar las armas nucleares móviles de sus búnkeres- tendrá lugar exclusivamente en su propio territorio, y por tanto tiene todo el derecho a hacerlo. Por el contrario, Estados Unidos ha almacenado algunas de sus armas nucleares en varios otros países (entre ellos los Países Bajos, y ahora Polonia).

Las acciones cada vez más imprudentes de la OTAN están directamente relacionadas con el simulacro de juicio del MH-17 que comenzó esta semana en los Países Bajos. El ataque de falsa bandera de Ucrania / CIA / MI6 en 2014 contra el Boeing de Malasia, así como la campaña de desprestigio unilateral contra Rusia que se ha llevado a cabo en los medios de comunicación desde entonces, tiene en parte la intención de hacer que los europeos estén maduros para la planeada Tercera Guerra Mundial contra Rusia, que, al igual que las dos primeras, debe estallar y / o ser combatida en nuestro continente.

Los soldados alemanes deben utilizar su propio coche durante el ejercicio militar

4/5 de los vehículos de infantería Puma alemanes están parados - Otras partes de las fuerzas armadas tampoco pueden desplegarse - Al menos la mitad de los reclutas potenciales no son aptos

El presidente francés Macron es uno de los mayores defensores de un poderoso ejército de la UE. Sin embargo, sus ambiciones napoleónicas están fracasando por el momento, literalmente, porque en la vecina Alemania hay tantos vehículos blindados averiados en el garaje que los soldados tienen que utilizar sus propios coches privados durante un gran ejercicio militar -dirigido a la guerra contra Rusia- que comenzó recientemente. En el Kremlin, al menos, no pueden dejar de reírse.

La escasez de material militar, provocada por los recortes presupuestarios y los años de mal mantenimiento, es tan grave que no hay capacidad suficiente para desplazar al ya mermado ejército alemán. Como resultado, a mediados de 21019 sólo se podía desplegar una quinta parte de los vehículos de infantería ligera del tipo Puma (71 unidades).

El resto de las fuerzas armadas están en una situación igualmente desesperada. Los tanques Leopard 2 se averían constantemente, y si lo hicieran, están tan anticuados que no tienen ninguna posibilidad en el campo de batalla contra el moderno tanque ruso T-90. Sin embargo, el ejército alemán cree que tendrá que conformarse con el Leopard-2 hasta 2040.

Sólo el 38% de todo el equipo es desplegable, y ese porcentaje también se infló artificialmente al reducir el número de vehículos militares sobre el papel de 1500 a 800.

En la Fuerza Aérea, decenas de aviones están permanentemente en tierra porque no hay dinero para repuestos y mantenimiento. Los buques de la Armada ya no están en condiciones de navegar; 6 de las 15 fragatas obsoletas tuvieron que ser retiradas del servicio por completo. En 2017, los alemanes no pudieron utilizar uno de sus submarinos porque todos necesitaban reparaciones.

En 2018, sólo 4 de los 120 aviones de combate pudieron ser enviados al aire. Los nuevos equipos, como el helicóptero NH90, resultaron ser de calidad inferior, se desgastan rápidamente y son poco fiables desde el punto de vista técnico (como ocurre también con muchos proyectos de construcción alemanes en la actualidad).

No se puede encontrar nuevo personal; la mitad de los candidatos actuales no son aptos

También hay problemas con el personal; a pesar de que los requisitos de entrada se han reducido considerablemente, al menos la mitad de los potenciales 760.000 reclutas han sido considerados no aptos. Según el Ministerio de Defensa, hasta 3 de cada 4 solicitantes tuvieron que ser rechazados en 2015. Los que consigan hacerse con un nuevo "Sturmgewehr" tendrán suerte si consiguen acertar a algo con él: así de mal funciona el arma. La comunicación se sigue realizando con equipos de radio de los años 50.

La Bundeswehr tiene 25.000 vacantes para ingenieros, técnicos, médicos y especialistas como buzos, pero no encuentra personas adecuadas. Hay una gran escasez de técnicos informáticos y médicos en particular. El ejército contrata ahora a casi cualquiera que cumpla los requisitos mínimos (como saber distinguir entre un acuario y un monitor...).

Durante su régimen, el presidente estadounidense Trump ha criticado regularmente con dureza a los estados europeos miembros de la OTAN porque casi ninguno de ellos cumple con el 2% obligatorio de gasto en defensa, y mucho menos con el 4% que le gustaría a Trump.

Este reciente ejercicio se denomina "Defender Europe 20", que tendrá lugar principalmente en abril y mayo y en el que participarán 10 países y 37.000 militares (incluidos 20.000 soldados estadounidenses) con 20.000 piezas de equipo. Según un mapa, los estadounidenses llegarán a través de los puertos de los Países Bajos, Bélgica y Letonia, y se trasladarán principalmente a Alemania, Polonia y Lituania. Se dice que este es el mayor ejercicio en Europa desde el final de la Guerra Fría y está dirigido en su mayoría contra Rusia.

La Bundeswehr ya hizo un ridículo inmortal en 2015 cuando se montaron palos de escoba en vehículos blindados durante un ejercicio de la OTAN para simular los cañones de las armas perdidas. Anno 2020, entonces, las cosas podrían ser aún peores; ahora esos palos de escoba tendrían que ser montados con cinta adhesiva en los VW, Audi y BMW privados de los soldados.

Tras los tres submarinos nucleares que atravesaron simultáneamente los hielos polares, Rusia ha lanzado otra seria advertencia a la OTAN al sacar de sus hangares tres camiones móviles de lanzamiento de misiles nucleares RS-24 Yars. El RS-24, conocido en Occidente como SS-29, es una versión mejorada del misil Topol-M, tiene un alcance de 12.000 kilómetros y transporta al menos 6 y posiblemente hasta 10 ojivas nucleares con capacidad de ataque independiente (MIRV), contra las que Occidente no tiene defensa. Mientras tanto, el ejército ruso se prepara para un posible ataque ucraniano contra Crimea, Luhansk y Donetsk con transportes a gran escala.

En 2019, Rusia recibió el "planeador" hipersónico de reentrada Avangard, que -a diferencia de las ojivas tradicionales que siguen una trayectoria predecible- puede realizar giros bruscos inesperados, lo que hace que sea mucho más difícil de interceptar por los misiles de defensa. Para 2019, el plan era equipar un total de 31 misiles Yars con planeadores Avangard. En 2016, Rusia ya tenía operativos 61 misiles balísticos intercontinentales Yars móviles y 10 fijos.

Mientras que Estados Unidos ha colocado sus misiles nucleares casi exclusivamente en silos fijos (ICBM) o a bordo de submarinos (SLBM), Rusia tiene un tercer tipo, estos lanzadores móviles, que pueden desplazarse hasta 500 kilómetros. Esto los hace mucho menos vulnerables a un ataque por sorpresa, permitiendo a Rusia mantener en todo momento la capacidad de destruir completamente a cualquier enemigo con un contraataque. Un misil nuclear Yars sólo tarda 7 minutos en ser lanzado.

Largos trenes con material militar para defender Crimea

Mientras tanto, han aparecido vídeos del nuevo puente que cruza el estrecho de Kerch hacia Crimea, entre otros, que muestran a Rusia transportando largos trenes llenos de tanques, obuses, carros blindados y camiones hacia la península. Esto indica que el Kremlin está decidido a defender a Crimea y a los ciudadanos rusos del Donbass contra un ataque ucraniano. Un tren de este tipo también fue filmado cerca de Krasnodar. Los medios de comunicación occidentales, por el momento, no están prestando atención a estos acontecimientos tan preocupantes. Anteriormente escribimos que probablemente esto se está haciendo deliberadamente para culpar a una respuesta rusa a un ataque militar ucraniano en el Kremlin, y de nuevo se harán afirmaciones falsas de que Rusia es el "agresor".

Un alto general francés advierte de que es "100% probable" que haya una gran guerra

El general Thierry Burkhard, jefe del ejército francés, advierte en un documento del Estado Mayor que Francia se está preparando para "el retorno de un conflicto armado de gran envergadura" en Europa. Existe una probabilidad del 100%" de que se produzca un "gran enredo militar", lo que significa que "la sociedad debe estar preparada para un número de bajas no visto desde la Segunda Guerra Mundial".

Se identifica a Rusia como el principal enemigo potencial, seguido de Turquía. Francia y Turquía están enfrentadas desde hace tiempo por la creciente implicación militar turca en Libia. Además, se espera que el próximo conflicto militar tenga lugar también fuera de Europa (Oriente Medio y el Norte de África).

A mediados de marzo, Francia envió 160 vehículos blindados y 300 soldados a Estonia como contribución a los grupos de combate de la OTAN estacionados en Polonia y los países bálticos.

Occidente calcula mal a Rusia

Occidente parece cometer el error crucial de que Rusia intentará seguir adelante durante mucho tiempo en una guerra convencional. Sin embargo, los tres submarinos nucleares y los tres misiles nucleares móviles RS-24 del Kremlin demuestran claramente que no tiene intención de someterse o ser derrotado sin luchar, sino todo lo contrario. El presidente Vladimir Putin ha mostrado hasta ahora una paciencia de hierro y una admirable autocontención, pero si se le acorrala demasiado, atacará repentinamente de forma devastadora.

Sigamos esperando que nunca se llegue a eso, pero si esto se nos va de las manos y se convierte en la Tercera Guerra Mundial, se lo debemos enteramente a nuestros líderes que se han vuelto locos, y a nuestros ingenuos compatriotas que se han dejado engañar y mentir por los medios de comunicación durante años sobre lo que realmente está pasando. Podemos discutirlo durante mucho tiempo, pero en el fondo es muy sencillo: si votas a partidos y líderes arrogantes, autoritarios y belicistas, algún día recogerás lo que has sembrado.

Occidente está clavando palas cada vez más profundo para cavar un enorme agujero para sí mismo. El Secretario General de la OTAN, Stoltenberg, dijo en una entrevista que el ascenso de China es a la vez un reto y una "buena oportunidad" para la alianza. Lo que admitió involuntariamente fue que una política de confrontación y agresión contra China volvería a dar a la OTAN algún "derecho a existir". El político ruso Leonid Slutsky tenía razón cuando dijo recientemente que es "una mentira descarada" que la OTAN sea una alianza defensiva, señalando las devastadoras "intervenciones" y guerras en la antigua Yugoslavia, Afganistán, Irak, Libia y Siria, entre otras. ¿Son Rusia y China nuestros próximos objetivos? La OTAN parece indicar que sí. Lo que usted y yo pensamos sobre esto, y las consecuencias de largo alcance para nosotros, se considera totalmente sin importancia en Washington y Bruselas.

Stoltenberg concedió una entrevista exclusiva a la Deutsche Welle en el marco de la cumbre de la OTAN celebrada en Bruselas los días 23 y 24 de marzo. A esto le siguió recientemente el anuncio de nuevas sanciones conjuntas contra Moscú y Pekín por parte de Estados Unidos, la UE, Gran Bretaña y Canadá, supuestamente a causa de los "derechos humanos" (como si aquí estuvieran mucho mejor desde la falsa pandemia de la corona).

¿La inversión china es una amenaza?

Stoltenberg advirtió que China está cada vez más cerca realizando grandes inversiones en nuestras infraestructuras, como si eso fuera algo peligroso. China es el mayor socio comercial de la UE y un importante inversor en nuestros países, todos ellos en quiebra efectiva tras décadas de políticas neoliberales (una forma encubierta de neomarxismo). Sin embargo, la OTAN ve en esto "una oportunidad única para abrir un nuevo capítulo en las relaciones entre América del Norte -Estados Unidos- y Europa".

Voilà", responde el analista Finian Cunningham para la Strategic Culture Foundation. "Así, el verdadero valor estratégico de presentar a China como "amenaza" o "adversario" es dar un nuevo significado al bloque de la OTAN liderado por Estados Unidos, que somete a Europa al objetivo geopolítico de hegemonía de Washington. Aquí se destaca que se presenta a China como una "amenaza" y no como lo que es la verdadera relación, la de un socio económico vital. (Lo mismo ocurre con Rusia y su amplia asociación energética con Europa)".

Estados Unidos, y con él la OTAN, quiere mantener a flote su imperio global a toda costa, e impedir un mundo político y económico multipolar, con Rusia y China como actores iguales. El problema diabólico, sin embargo, es que Washington y sus vasallos europeos no pueden basar una postura tan agresiva en las actuales relaciones normales y naturales. Hacerlo sólo nos haría aparecer como agresores irresponsables y rencorosos. Por lo tanto, primero hay que presentar a Rusia y China como "el enemigo", como "una amenaza" para el "orden jurídico internacional" supuestamente defendido por Occidente.

Si te tomas aunque sea un momento para sacar la cabeza de los canales de propaganda occidentales, totalmente controlados por los atlantistas y cada vez más apestosos, que se hacen pasar por medios de comunicación convencionales, sabrás a dónde ha llevado ya este "orden jurídico internacional": numerosas invasiones (justificadas con mentiras y propaganda), bombardeos de países enteros, golpes de estado, guerras ilegales y criminales, masacres, destrucciones a gran escala, millones de muertos y heridos, operaciones de falsa bandera (como la del MH17), la agitación del odio y el terrorismo, y, en consecuencia, numerosos problemas de seguridad debido a la subsiguiente migración masiva hacia Europa en particular.

Capítulo 4: Noticias positivas

El apoyo a la OTAN/NATO entre la población de los estados miembros se está erosionando. En 11 de los 16 países (en términos relativos y/o absolutos) la mayoría dice que no quiere apoyar a un estado miembro en caso de que se vea envuelto en un conflicto militar, especialmente si ese estado miembro es Rusia.

Tras la caída del Telón de Acero y del Pacto de Varsovia, la alianza atlántica se transformó, bajo la presidencia de Bill Clinton, de una alianza defensiva a una alianza agresiva e imperialista a la que le importaban poco las leyes internacionales. Esto pronto condujo a la guerra, igualmente ilegal y escandalosa, contra Yugoslavia / Serbia, donde se armó a los musulmanes de forma encubierta para llevar a cabo grandes masacres de la población serbia, predominantemente cristiana, desencadenando una sangrienta guerra civil. Esto le valió a la OTAN el apodo de Organización del Terror del Atlántico Norte.

Desde principios de siglo, siguió el apoyo a las insensatas y devastadoras guerras de Estados Unidos en o contra Afganistán, Irak, Libia y Siria, causando tantas víctimas civiles, que esto demostró ser el caldo de cultivo perfecto para el rápido surgimiento de grupos terroristas islámicos como el ya existente Al Qaeda, y más tarde ISIS. Los globalistas occidentales aprovecharon entonces con gran entusiasmo el caos y la miseria creados por ellos mismos para facilitar, e incluso fomentar, un enorme flujo de migrantes hacia Europa.

La mayoría no quiere ayudar al conflicto militar con Rusia

Con la excepción de Estados Unidos, Canadá, Gran Bretaña y Lituania, la mayoría de la población de 11 de los 16 países -incluyendo Francia, Alemania y España- está ahora en CONTRA de la asistencia obligatoria de los estados miembros que acaben en un conflicto militar según los artículos de la OTAN, especialmente si el oponente es Rusia. Incluso en los países del antiguo bloque oriental, Polonia, la República Checa, Hungría, Eslovaquia y Bulgaria, que tuvieron que sufrir el yugo soviético durante décadas, la mayoría está en contra. Bulgaria encabeza la lista con un 69% en contra y sólo un 12% a favor.

La media de los 16 países es de un 50% en contra de la ayuda militar, y un 38% a favor. A la pregunta más general de si la gente es positiva o negativa respecto a la OTAN como organización, responden mayoritariamente más países (los cinco mencionados más Alemania, Polonia e Italia). Llama la atención que en Estados Unidos sólo el 52% piense que la alianza es positiva. Entre los republicanos, incluso, es sólo el 45%. El presidente Trump ha manifestado periódicamente el descontento de los estadounidenses por el incumplimiento de casi todos los Estados miembros europeos del 2% de gasto en defensa acordado.

37

Si observamos las inclinaciones políticas de la gente, la "derecha" es claramente mucho más positiva con respecto a los Estados Unidos, la OTAN y la intervención militar en otros países, que la "izquierda". (Sin embargo, es de suponer que poca gente acusará a este sitio web de ser de izquierdas).

No sorprenderá a nadie que el porcentaje de partidarios de la OTAN sea el más bajo en Turquía: el 21%. Ese país sigue siendo miembro solo sobre el papel, pero en realidad, bajo el dictador islamista Erdogan, se ha convertido en un enemigo de Occidente.

El incesante apoyo de Europa y la OTAN a los turcos, cada vez más agresivos, podría ser una razón por la que sólo el 25% de la población griega sigue apoyando a la OTAN.

¿La OTAN acabará siendo sustituida por una alianza con Rusia?

¿Tiene todavía futuro la OTAN? Los ciudadanos de la mayoría de los Estados miembros quieren mantener buenas relaciones tanto con Estados Unidos como con Rusia. En cambio, sólo una muy pequeña minoría del 4% de los europeos y el 5% de los británicos quieren lo mismo. Los ciudadanos de estos países siguen inclinándose de forma abrumadora hacia Estados Unidos.

Sin embargo, la tendencia parece ser que, poco a poco, más y más europeos se están hartando de las interminables guerras entre Estados Unidos y la OTAN. Esto es esperanzador, ya que los principales medios de comunicación occidentales siguen firmemente en las garras de los transatlánticos, difundiendo exclusivamente propaganda unilateral a favor de la OTAN y en contra de Rusia.

Por lo tanto, parece que ha llegado el momento de empezar a reflexionar sobre un nuevo rumbo europeo, tal vez separado de Estados Unidos, y que pueda conducir a una relación mucho mejor -y con el tiempo incluso a una alianza- con el país que ya suministra una parte enorme de la energía europea: Rusia. Esto beneficiará enormemente a la seguridad y estabilidad de nuestro continente. Sin embargo, los ejercicios a gran escala de la OTAN, como el Europe Defender 20, cuyo objetivo es claramente la guerra contra Rusia, no ayudarán realmente a convencer al Kremlin de que tenemos intenciones pacíficas y no buscamos un conflicto militar a gran escala.

Capítulo 5: Hora de empezar

Recientemente, el ejército ucraniano abrió fuego sobre Luhansk. Los bombardeos de artillería pesada mataron a un número desconocido de civiles. También se utilizaron lanzacohetes MLRS y drones de fabricación turca. Las milicias prorrusas de Luhansk han respondido al fuego. Cerca de Donetsk, el ejército ucraniano también está preparado para una ofensiva. También se han registrado intensos combates cerca de Horlivka. Rusia ha advertido a la OTAN que no acuda en ayuda de Ucrania militarmente, amenazando con "una escalada aterradora". Sin embargo, el Presidente de Estados Unidos, Joe Biden, ha prometido a su homólogo ucraniano, Zelensky, estar a su lado contra la "agresión rusa" y "no abandonar nunca" el país.

El jefe del Estado Mayor del ejército ucraniano anunció hace unos días que los separatistas prorrusos del Donbass serían destruidos con un ataque colosal. A esto, el habitualmente tan reflexivo ministro de Asuntos Exteriores ruso, Sergei Lavrov, habría respondido que cualquier intento de iniciar otra guerra podría acabar con la destrucción de Ucrania. Esta tajante respuesta no puede confirmarse todavía, pero es plausible.

Lenguaje agresivo

Recientemente, como ha hecho a menudo durante años, Ucrania volvió a lanzar acusaciones de "provocaciones" contra los separatistas y Moscú. El

Kremlin respondió que el movimiento de tropas y equipos hacia las fronteras es sólo para proteger su propia seguridad y no es una amenaza para nadie. Por supuesto, esto se enfatizó teniendo en cuenta la retórica bélica del régimen títere occidental de Kiev, que a principios de esta semana declaró que el conflicto en el Donbass era "una guerra internacional" con "Ucrania y Rusia como participantes".

Esto podría ser tomado en el Kremlin como una declaración de guerra abierta. Ucrania sólo se habrá atrevido a hacerlo si tiene asegurado el apoyo militar de Estados Unidos y la OTAN. El Mando Europeo de Estados Unidos (EUCOM) ya ha elevado el nivel de amenaza en Europa a "crisis potencialmente inminente". Por lo tanto, si Ucrania efectivamente inicia una guerra, y si Estados Unidos y/o la OTAN deciden proporcionar ayuda militar, como Joe Biden ha prometido ahora, el conflicto subsiguiente bien puede convertirse en la Tercera Guerra Mundial, que abrumará por completo al público, en su mayoría todavía loco, de Europa y Estados Unidos.

Unos 28.000 soldados, cientos de aviones y barcos, y varios miles de equipos de Estados Unidos y 25 aliados y socios de la OTAN participan actualmente en el ejercicio militar anual "Defender Europa", que por primera vez incluye rutas marítimas hacia el norte de África y Oriente Medio.

El comunicado oficial de la OTAN no menciona que el "enemigo" contra el que se está "practicando" sea Rusia, pero nadie duda de que lo sea, y desde luego no los rusos. Mikhail Sheremet, parlamentario de Crimea, considera que esto "confirma la naturaleza agresiva de la OTAN", y advierte a la alianza que vuelva a mirar muy de cerca la historia antes de lanzar una guerra contra Rusia.

Se dice que el nuevo puente que cruza el estrecho de Kerch hacia Crimea ha sido cerrado y declarado zona militar, lo que indica que Moscú está considerando seriamente el estallido de la guerra.

Según un informe de fuentes de inteligencia desconocidas, en el Mar Báltico, un barco naval entró en la zona donde se están dando los últimos retoques al gasoducto Nordstream II de Rusia a Alemania, que está completado en un 95%. El presentador de radio conservador estadounidense Hal Turner escribe que esto se hizo posiblemente para sabotear la obra, pero no creo que eso pueda ser correcto. Y es que la foto que publica no es de un barco y un submarino sin marca, como él cree, sino de una fragata alemana, que por tanto estaba patrullando legítimamente por allí.

Sin embargo, el director del proyecto Nordstream II, Andrei Minim, ha observado que hay más buques y aviones navales (occidentales) activos alrededor y por encima de la zona de construcción, y algunas de sus acciones son "a menudo claramente provocativas". El

28 de marzo, un submarino no identificado salió a la superficie a menos de una milla del gasoducto, lo que, según Minim, podría haberlo dañado.

Un vídeo reciente en Youtube muestra cómo un barco pesquero polaco llega a embestir a un buque de colocación de tuberías. Posiblemente fue un accidente, ya que el barco es demasiado pequeño para dañar realmente al enorme buque. Sin embargo, la intención parece probable. Tal vez se trate de algún tipo de advertencia o provocación para detener las obras del oleoducto.

El gansterismo americano

Estados Unidos se opone con vehemencia a Nordstream II, e incluso ha anunciado ya sanciones contra las empresas implicadas. Los norteamericanos quieren que Europa compre su carísimo GNL e intentan con todas sus fuerzas sabotear el estrechamiento de los lazos económicos y amistosos entre Rusia y Europa. Este descarado chantaje de Washington puede calificarse de puro gansterismo, llevado a cabo por una nación totalmente desquiciada que obviamente se considera invulnerable e intocable. Incluso puede calificarse de terrorismo internacional.

Lo mismo se aplica a las operaciones militares occidentales ilegales en y contra Siria, y al hecho de que Estados Unidos haya estado robando petróleo allí por

43

decenas de millones de dólares cada mes durante muchos años.

Por tanto, no puede considerarse extraño que el Kremlin, tras años de intentar inculcar a los líderes occidentales algún sentido de la realidad y una renovada voluntad de cooperar pacíficamente y encontrar soluciones viables, haya comprobado que Estados Unidos y Europa buscan deliberadamente provocar una gran guerra por sus propios intereses y agendas.

Como vicepresidente de Obama, el demócrata Joe Biden, que llegó al poder el año pasado tras un aparatoso golpe electoral, ya hizo de Ucrania su "proyecto favorito" personal. Por ejemplo, declaró a Rusia culpable apenas horas después del desastre del MH17 en 2014, truncando de antemano cualquier investigación independiente. Todo lo que se investigó después de eso no fue más que una farsa, destinada a presentar el resultado decretado por Biden, como así fue. Además, Biden se jactó más tarde abiertamente de haber chantajeado a Ucrania para detener una investigación por fraude sobre su hijo, que trabajaba en una importante empresa energética ucraniana.

Ahora el grupo atlántico que llevó al "chico del cartel" Biden a la Casa Blanca amenaza con provocar la guerra contra Rusia ya anunciada por Hillary Clinton en su momento. Una guerra que no quiere ni un solo ciudadano de bien en Estados Unidos, Europa y Rusia, pero ni siquiera recuerdo la última vez que en Washington, Bruselas, Berlín, Londres, Roma, París y también La Haya nuestros intereses y deseos fueron lo primero o se tuvieron en cuenta.

¿Cuántos occidentales consideran un destello blanco cegador?

A menudo hemos subrayado que Occidente parece estar cometiendo un terrible error de cálculo al suponer que Rusia no se atreverá a defenderse con armas nucleares. Sin embargo, como los rusos se dan cuenta de que es poco probable que ganen un conflicto prolongado por medios convencionales*, si se les provoca y amenaza demasiado, podrían atacar repentinamente de forma devastadora.
Todavía hay tiempo para la diplomacia y la desescalada, aunque Turner se pregunta con desesperación "¿cuántos estadounidenses de la costa este de Estados Unidos tienen idea de que podrían estar a punto de ver un destello cegador de color blanco porque la administración Biden ha iniciado una guerra en Europa del Este?

¿Cuántos europeos habrán pensado alguna vez en el hecho de que, en el caso extremo de una guerra de este tipo, dado el apoyo incondicional que siempre se ha dado allí a las criminales y destructivas guerras americanas, bien pueden ser vistos como un objetivo legítimo? Por no hablar del simulacro de tribunal del MH17, en el que Rusia tenía que ser condenada de

45

todas formas y se ignoraron un montón de pruebas en contra. Después de todo, el Kremlin no olvidará todavía ese flagrante proceso de falsificación.

The Sun, el periódico sensacionalista más famoso de Gran Bretaña, tituló recientemente que el mundo está "al borde de la guerra": "En 4 semanas podría desatarse una guerra mundial en Ucrania cuando Putin envíe 4.000 soldados y tanques a la frontera". Sensación o no, la noticia de que China enviará pronto 5.000 soldados a Irán es mortalmente seria. Además, en noticias recientes, Teherán presentó un misil de crucero que puede alcanzar Berlín, y los mulás prometieron su apoyo a Rusia en caso de que Ucrania lance un ataque frontal contra Crimea y el Donbass, y entonces estalle una guerra con la OTAN.

El analista militar ruso Pavel Felgenhauer declaró al diario The Sun que sólo un "psicoanalista" podría comprender las intenciones de Moscú, pero advirtió que los acontecimientos podrían desembocar en una gran guerra dentro de un mes.

Capítulo 6: Comenzó en 2014

En 2014, la CIA, con el apoyo de Estados Unidos y la UE, provocó un violento golpe de Estado en Ucrania. El presidente legítimamente elegido fue depuesto y sustituido por un régimen títere occidental, que a continuación inició una sangrienta guerra contra la población de habla rusa en el este del país. Con el fin de incorporar a Ucrania a la OTAN lo antes posible, se llevó a cabo un muy probable atentado de "falsa bandera" contra un avión de pasajeros (MH17) que volaba de Ámsterdam a Malasia y que fue dirigido deliberadamente por el control del tráfico aéreo ucraniano sobre zonas de guerra.

El actual presidente Joe Biden, entonces vicepresidente, señaló a Rusia como culpable apenas unas horas después de la catástrofe, marcando el tono agresivo: Había que incorporar a Ucrania a la OTAN y a la UE como fuera. Rusia perdería su gran puerto naval en Sebastopol (Crimea), y una vez que se construyeran bases de la OTAN en Ucrania, el arsenal nuclear de Rusia podría ser destruido por misiles estadounidenses en un ataque sorpresa en cuestión de minutos, dejando al país indefenso.

Occidente fue tan arrogante como para pensar que Rusia se doblegaría, y todavía se cree tan intocable y por encima de todas las leyes internacionales, que primero destituyó a un presidente que quería abandonar el rumbo bélico de Washington desde hace mucho tiempo a través de unas elecciones conspicuamente robadas, y luego reanudó inmediatamente el camino hacia la guerra con Rusia iniciado bajo Obama/Biden/Clinton. Lo cual, como saben nuestros lectores, hemos advertido durante años.

China envía 5.000 soldados a Irán

Sin embargo, está empezando a surgir un eje que está harto de los años de fanatismo y refugios de guerra occidentales dirigidos por Estados Unidos, y de todas esas intervenciones militares supuestamente portadoras de "paz y democracia" que han matado a millones de personas sólo en este siglo. Recientemente, por ejemplo, la República Islámica de Irán presentó un nuevo misil de crucero que tiene un alcance de 3.000 kilómetros, capaz de alcanzar Berlín.

Mientras tanto, China ha anunciado nuevas inversiones de mil millones de dólares en Irán, y va a enviar 5.000 soldados al país y a construir nuevas bases militares en él.

¿Se está apagando definitivamente la luz en Occidente?

En enero de 2018, la BBC británica emitió un informativo simulado sobre el estallido de una guerra entre la OTAN y Rusia, tras la cual se utilizarían armas nucleares al cabo de una hora. La cadena pública alemana también emitió un anuncio ficticio similar sobre la Tercera Guerra Mundial con Rusia.

Llámenlo programación predictiva, llámenlo alarmismo, pero una cosa está clara a principios de 2021: en los últimos años en Occidente, y también en nuestro propio país, sólo hemos tenido líderes, medios de comunicación e instituciones que sólo saben mentir y engañar fríamente sobre temas importantes, ya sea sobre Rusia, el coronavirus, las vacunas o el clima. Para la gente que se traga esto con los ojos abiertos y/o que a veces incluso piensa que es algo bueno, la luz hace tiempo que ha desaparecido, al igual que sus líderes. Peor aún: lo que antes era luz se llama oscuridad, y lo que era oscuridad, luz.

Rusia, China e Irán están sujetos a la crítica, pero el tiempo que queda para que Occidente entre en razón, se mire en el espejo y reconozca lo bajo que hemos caído como una supuesta "civilización" de alto rango es una conjetura de cualquiera. Si continuamos al ritmo actual, no tardaremos más de 10 años o así, en mi opinión, y si El Sol tiene razón por una vez, ni siquiera 10 semanas. Cuando esta desaparición, cada vez más probable, llegue, será repentina para la mayoría de nosotros y, en mi opinión, totalmente por nuestra culpa.

El momento es ahora

Tras años de desinformación, propaganda, provocaciones y apoyo a las operaciones bélicas ucranianas contra civiles rusos indefensos, ¿se van a

49

salir con la suya los belicistas occidentales de Washington, Bruselas, Berlín y también La Haya? Según informes no confirmados, los tanques rusos han cruzado la frontera hacia el este de Ucrania después de que las regiones rusoparlantes de Donetsk y Luhansk, que se han declarado independientes de Ucrania, pidieran al Kremlin protección contra el ejército ucraniano, que en las últimas dos semanas ha vuelto a enviar un gran número de tropas y equipos a las "repúblicas" rebeldes. Además, Rusia habría movilizado toda su flota en el Mediterráneo, el Mar Negro y el Mar Báltico. De confirmarse este informe, significa que el Kremlin está trazando una línea roja tras años de contención, y de hecho espera una guerra.

Parece que Rusia no se va a quedar de brazos cruzados mientras la población de Luhansk y Donetsk vuelve a estar indefensa ante posibles nuevos bombardeos del ejército ucraniano. El régimen de Kiev intentó varias veces en los últimos años provocar una guerra con Rusia, con la esperanza -y presumiblemente también con la seguridad- de que Occidente acudiría entonces en su ayuda militar, llevando al mundo al borde de la Tercera Guerra Mundial.

La cosa se pone seria

Por lo tanto, las provocaciones del ejército ucraniano no parecen haber caído del cielo, sino que coinciden exactamente con un importante ejercicio de la OTAN en el que participan barcos navales, aviones y unos 28.000

soldados en el Mar Negro y sus alrededores. Resulta que están listos para ayudar al ejército ucraniano tan pronto como los medios de comunicación occidentales difundan la propaganda engañosa de que Rusia "ha abierto el ataque a Ucrania", y que por lo tanto la alianza "no tiene otra opción que intervenir".

Los tanques rusos habrían llegado a la localidad de Horlivka, cerca de la ciudad de Donetsk, y ya han sido filmados allí. El mensaje del Kremlin al ejército ucraniano es claro: habrá guerra si abren fuego contra nuestros ciudadanos. Además, se habrían abierto los refugios antiaéreos.

Según fuentes sobre el terreno, Ucrania habría reunido hasta 90.000 soldados, 450 tanques, 300 vehículos blindados, 800 piezas de artillería y más de 100 aviones en la región de Donbass. El presidente ucraniano Zelensky habría firmado ya la orden de proceder al ataque para retomar Luhansk y Donetsk.

Un ex funcionario militar no identificado cree que si Ucrania provoca efectivamente una guerra, perderá otras tres regiones: Kharkov, Zaporozhy y Odessa. El 80% de los habitantes de la ciudad de Járkov son rusos.

Basándose en Flightradar, puede observarse que aviones cisterna estadounidenses han sido trasladados a Georgia (en el Mar Negro), y que fuerzas especiales británicas SAS han sido trasladadas de Rumanía a Ucrania. Dos buques de la Armada estadounidense se unieron a dos fragatas españolas y a otro buque de guerra estadounidense en el Mar Negro recientemente, al parecer para realizar "ejercicios especiales" cerca de la costa suroeste de Crimea.

Rusia moviliza toda su flota, tanques, tropas y bombarderos

En respuesta, Rusia ha enviado tanques, fuerzas especiales y paracaidistas a la frontera entre Crimea y Ucrania, así como a bases militares que están fuera del alcance de los misiles ucranianos, pero que pueden transportar rápidamente tropas y equipos adicionales por aire a la posible zona de guerra. Los medios de comunicación rusos informan de que "Rusia ha prometido su apoyo total a Donbass. De este modo, Rusia ha dejado claro que se implicará militarmente de forma activa".

Además, la Fuerza Aérea Rusa ha estacionado bombarderos TU-22M3 en bases a pocos minutos de vuelo de Ucrania. Debido a la amenaza de escalada, se dice que el ministro de Defensa ruso, Shoigu, ha movilizado toda la flota en el Mediterráneo, el Mar Negro, el Mar de Kapsia y el Mar Báltico. En la mitad oriental del Mediterráneo operan ahora 13 buques navales rusos, la mayoría de ellos frente a las costas de Siria, Líbano e Israel. Recientemente, cuatro buques rusos también navegaron por el Canal de la Mancha. Estos buques de guerra llevan a bordo misiles que pueden alcanzar Londres, París, Bruselas y las principales ciudades europeas en cuestión de minutos.

Si todos estos informes son ciertos, esto indica que el Kremlin se está preparando para una confrontación militar, no sólo en Ucrania, sino posiblemente con toda la OTAN. No hace falta que les expliquemos qué consecuencias puede tener esto, y esperamos que las "cabezas más frías" de Bruselas y Washington consigan que Ucrania vuelva a retirar su ejército

Capítulo 7: Detener los suministros

La elección de Donald Trump en 2016 supuso un importante giro en los planes de la élite occidental para una gran guerra contra Rusia, con la que especulaba abiertamente la entonces derrotada presidenta Hillary Clinton.

Trump fue retirado de la escena después de 4 años a través de un falso golpe electoral. El año pasado, advertimos que si Joe Biden terminaba en la Casa Blanca, reanudaría la agresión contra Rusia que se inició bajo el equipo Obama/Clinton. Biden no esperó mucho para hacerlo, y casi inmediatamente envió bombarderos estratégicos e infantes de marina adicionales a Noruega, que limita con Rusia.

La situación amenaza ahora con agravarse, ya que Europa está siendo chantajeada por Estados Unidos para que no utilice el gasoducto Nordstream, casi terminado, hacia nuestro continente, por lo que se dice que Rusia ha cortado (temporalmente) el contacto con la OTAN.

Dirigida por el Pentágono y el Consejo Atlántico, la OTAN tiene preparados desde hace años varios escenarios para provocar una guerra con Rusia, de la que, por supuesto, se culpará a Moscú.

Europa debe volver a ser el escenario principal de una guerra mundial. Al menos, así es como lo planean en

Washington, donde están dispuestos, si es necesario, a
sacrificar nuestro continente sin pestañear si nos
negamos a obedecer o a no seguir metiéndonos en sus
planes.

**Estados Unidos quiere vender su propio GNL, mucho
más caro, a Europa**

Desde el principio, Estados Unidos se opuso con
vehemencia al gasoducto Nordstream-2 desde Rusia a
la UE, que ya está prácticamente terminado. Ese gas es
muy necesario, porque para llevar a cabo su
monstruoso "Green Deal", que consume dinero y
riqueza, Bruselas quiere acabar con toda la energía
"fósil" (carbón, petróleo), y también bloquea la energía
nuclear. Además, como país exportador de gas natural,
Europa ha decidido reducir y eventualmente detener su
producción por completo.

Estados Unidos quiere vender su propio GNL (gas
natural licuado) a Europa. Sin embargo, es mucho más
caro que el gas ruso. Además, Washington teme que los
lazos entre la UE y Rusia sean demasiado estrechos. Por
eso los estadounidenses afirman que la seguridad
energética de Europa se verá comprometida si se pone
en marcha Nordstream-2, lo que es exactamente lo
contrario de la verdad, ya que el gasoducto se está
construyendo precisamente con ese fin.

Tres horas después de que Estados Unidos ordenara a
todas las partes en Europa que detuvieran los trabajos
para completar Nordstream-2, Rusia cortó todo

contacto con la OTAN, y un submarino ruso de clase Kilo "desapareció" frente a la costa de Israel y Líbano de los radares estadounidenses e israelíes.

Estos submarinos de ataque llevan ocho SAMS (misiles tierra-aire) y cuatro misiles de crucero, normalmente con una ojiva convencional. Sin embargo, también pueden llevar el nuevo misil de crucero Kalibr, que puede llevar una ojiva. Hasta la fecha, se desconoce el motivo de la "desaparición".

Recientemente, el presidente Biden provocó una gran tensión al describir al presidente Putin como un "asesino" que "no tiene alma" y que tendrá que pagar "un precio" por la "injerencia rusa" en las elecciones estadounidenses (un bulo desmentido desde hace tiempo). En ese momento, el Kremlin volvió a llamar a su embajador de Estados Unidos. El Ministerio del Interior ruso dijo que esperaba que aún pudiera detenerse "el deterioro irreversible" de las relaciones con Estados Unidos.

Putin respondió el jueves pasado que el comentario de Biden dice algo sobre todo acerca de los grandes problemas de Estados Unidos. Subrayó que Rusia todavía quiere seguir cooperando con Estados Unidos. También sugirió un debate en directo "en vivo", sabiendo muy bien que el demente Biden, que a menudo se olvida de quién o de quiénes están hablando, o incluso de dónde están, no tendría entonces ninguna posibilidad.

Sin embargo, Washington dificulta cada vez más la cooperación de forma deliberada; por ejemplo, se declararon sanciones contra funcionarios rusos por el supuesto "envenenamiento" del nacionalista racista Alexei Navalny, prácticamente desconocido en su propio país, que también parece haber sido un engaño para inculpar a Rusia.

Biden y los británicos dirigen a Occidente hacia una guerra con Rusia

En las últimas semanas, el ejército ucraniano envió un gran número de tropas, tanques y otros equipos a los enclaves prorrusos de Luhansk y Donetsk, en el este del país, así como a la frontera con Crimea. El régimen de Kiev se ve alentado en esto por Melinda Simmons, la embajadora británica en Ucrania que tuiteó el 16 de marzo que Rusia debería "devolver Crimea" a Ucrania, a pesar de que la población votó casi unánimemente a favor de unirse a Rusia hace 7 años. Originalmente, la península siempre perteneció a Rusia, y durante la época de la Unión Soviética sólo fue asignada administrativamente a Ucrania.

Según informes no confirmados, el ejército ucraniano ya ha abierto fuego, y las fuerzas especiales británicas también están operativas en la región de Donbass. Un diplomático no identificado habría dicho que "Occidente está haciendo un movimiento militar contra Rusia", y que "esta es una de las peores decisiones que ha tomado Occidente, que terminará en una guerra directa con Rusia". Al hacerlo, no olvidemos otra decisión igualmente grave, a saber, culpar automáticamente y ya de antemano a Rusia del desastre del MH-17 en 2014, que muy probablemente fue una operación de falsa bandera de Ucrania en cooperación con la CIA y el MI6.

Por lo tanto, parece que la población occidental se está preparando rápidamente para esta guerra contra Rusia planeada por el establishment atlántico, que posiblemente comenzará con algún tipo de "bandera falsa", o con algún otro pretexto para supuestamente "liberar" Crimea del "ocupante" ruso.

¿Existe un impulso deliberado para un "Armagedón" en Siria?

También está la situación de guerra en Siria, que ha sido destruida en gran medida gracias a Estados Unidos, Turquía, el IS (= una creación de la CIA y la inteligencia turca financiada por Arabia Saudí), Israel y la OTAN, donde Biden también está impulsando un enfrentamiento con Rusia al aumentar recientemente las acciones militares y los bombardeos.

Israel, por cierto, sigue haciéndolo también, a pesar de las repetidas advertencias de Rusia, el único país legalmente presente en Siria, de que en algún momento devolverá el fuego. Los líderes políticos en Jerusalén no querrán arriesgarse a una guerra con Rusia a menos que tengan el apoyo militar absoluto de Estados Unidos, y/o planeen iniciar ellos mismos algún tipo de "Armagedón" del fin de los tiempos.

El Kremlin no se sentará a esperar

Sin embargo, si creen que el Kremlin dejará que todo esto ocurra, están muy equivocados. Los arrogantes líderes de Occidente asumen automáticamente que Rusia nunca podrá ganar una guerra convencional, pero no se atreverán a ser los primeros en contraatacar con armas nucleares.

La primera suposición puede ser correcta, pero la segunda no lo es en absoluto. Rusia, que pagó un precio terrible en la Segunda Guerra Mundial con 20 millones de muertos, no permitirá que la arrinconen de nuevo y la tomen por sorpresa. A este respecto, citamos a menudo a Vladimir Putin, que hace años nos dijo que había aprendido una cosa en la calle, y es que si crees que una pelea es inevitable, lo mejor es dar tú mismo el primer golpe.

Esperemos que los temerarios planificadores de Bruselas, Berlín y también La Haya se tomen muy en serio esa advertencia y empiecen por fin a negarse a cooperar con el rumbo bélico antirruso del Pentágono y la nueva administración estadounidense. Si no es así, aumenta el peligro de que a la larga esto acabe de forma horrible y fatal para todos nosotros.

Nuestros otros libros

Consulte nuestros otros libros para ver otras noticias no divulgadas, hechos expuestos y verdades desacreditadas, y mucho más.

Únase al exclusivo Círculo de Medios de Comunicación de Rebel Press.

Todos los viernes recibirás en tu bandeja de entrada nuevas actualizaciones sobre la realidad no denunciada.

Inscríbase hoy aquí:

https://campsite.bio/rebelpressmedia